활짝 심리학

현대 심리학의 초석을 다진 3인의 천재들

할짝 심리학

초판 1쇄 발행 2020년 4월 30일
초판 4쇄 발행 2024년 10월 15일

글·그림 이한나

펴낸이 조기흠
총괄 이수동 / **책임편집** 최진 / **기획편집** 박의성, 유지윤, 이지은, 박소현
마케팅 박태규, 임은희, 김예인, 김선영 / **제작** 박성우, 김정우
디자인 이슬기

펴낸곳 한빛비즈(주) / **주소** 서울시 서대문구 연희로2길 62 4층
전화 02-325-5506 / **팩스** 02-326-1566
등록 2008년 1월 14일 제 25100-2017-000062호

ISBN 979-11-5784-414-2 03100

이 책에 대한 의견이나 오탈자 및 잘못된 내용은 출판사 홈페이지나 아래 이메일로 알려주십시오.
파본은 구매처에서 교환하실 수 있습니다. 책값은 뒤표지에 표시되어 있습니다.

⌂ hanbitbiz.com ✉ hanbitbiz@hanbit.co.kr ▪ facebook.com/hanbitbiz
Ⓝ post.naver.com/hanbit_biz ▶ youtube.com/한빛비즈 ◉ instagram.com/hanbitbiz

지금 하지 않으면 할 수 없는 일이 있습니다.
책으로 펴내고 싶은 아이디어나 원고를 메일(hanbitbiz@hanbit.co.kr)로 보내주세요.
한빛비즈는 여러분의 소중한 경험과 지식을 기다리고 있습니다.

할짝 심리학

현대 심리학의 초석을 다진 3인의 천재들

이한나 글·그림

한빛비즈
Hanbit Biz, Inc.

자고로 심리학이란 것은

마음.

마음을 보자.

인간의 마음을 연구하고 치료하기 위한 학문인데

...

이대로는 나의 정신건강이
먼저 위험해져브러.

발휘 하자

인터넷
유우머
사이트
이용경력
nn년차

나의 경력

진중한 심리학 공부로

마음에 상처 입은 학도들에게

좋은 휴식처 같은 책이 되길 바라며

할짝!

차 례

1부

지그문트
프로이트

지그문트 프로이트

Sigmund Freud, 1856~1939

가장 꼬장한 시대에서 태어난 비운의 (변태) 천재 이론가. 무엇이든 성과 관련해 생각하는 습성 때문에 과거에도 현재에도 질타받고 있지만 그럼에도 혁신적인 아이디어로 역사에 길이 남는 인물이 되었다.

1화

정신분석의 탄생

아무것도 모르는 순수한 신입생…

두두　　두두

들썩 들썩!

푸

콱!

그들을 노리는 지박령 계시니

지그문트 프로이트 선생 되시겠다.

심리학과 필수 과목
지그문트 프로이트 선생

변태. 근엄. 진지.

이 영감님께서는 심리학도뿐 아니라
교육학 학생들도 마구 괴롭히는데

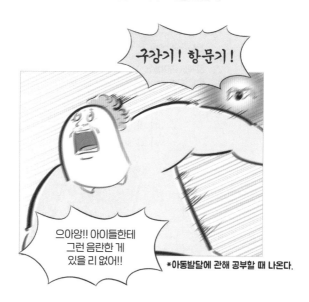

*아동발달에 관해 공부할 때 나온다.

문제는

이론이 너무 고상하지 않다는 것.

이렇게나 극단적인 영감님이지만

왠지 낯설지 않은 남자.

사실 그의 이론은 우리에게 꽤나 친숙한데

어디선가 봤을 무의식의 빙산도

의식

무의식

쩡!

자아의 개념도

부장님!
저, 자아를 찾으러
여행을 떠나고
싶습니다!

응. 다녀오게나.
사표는 쓰고.

꿈을 해석하는 것도 프로이트가 시초였다.

**하지만 더 디테일하게 들어가면
굉장한 이론이 많은데**

지금 들어도 충격적인 이 이론들이
발표된 때는 19세기

산업혁명을 통해 눈부신 발전이 이루어진
빅토리아 시대였다.

눈부신 발전에 뽕 맞은 사람들은

자신들이 엄청 멋지다고 생각하게 되는데

짱 멋진 인간에 걸맞도록
'성'은 터부시되었으며

특히 여성에게는 잣대가 훨씬 엄격했으니

많은 여성이 신체마비 증상이 동반되는
정신질환 '히스테리'에 고통받았다.

하지만 때가 어느 때이던가.

인간 정신에 대한 이해가 매우
부족한 때라 단순 꾀병으로 몰렸는데

한마디로 말하자면 인간에 대한 이해는
부족하면서도 뽕만 잔뜩 맞은 꼬장한 시대였다.

이러한 시대에 지그문트 선생 강림하시어

인간은 이성적이지 않으며

오히려 무의식에 휘둘린다
하지 않나...

또 그 무의식이 성적 욕망으로 가득 차 있다 하고

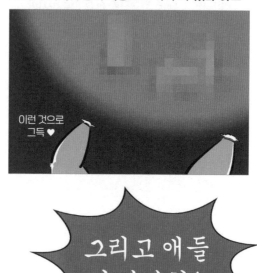

화룡점정으로 유아도 성욕이 있다는
(심지어 부모를 향한...)
유아 성욕설까지 주장해버린다.

인간이 이성적이고 우월하다 믿으며
성적인 것을 금기시하던 빅토리아 시대에

깜빡이 따위 부셔버리고 훅 들어온
프로이트의 이론은 당연히 위협적이었으리라.

**그의 삶 또한 자신의 이론처럼
폭풍과도 같았다.**

**1856년 5월 6일
체코에서 태어난 그는**

제1차 세계대전을 겪은 만렙 유대인으로

어린 시절 형제들 사이 서열 1타 장남이었다.

그러나 놀고먹으며 장남 자리만 차지하는 *아치는 아니었으니

12살에 햄릿 원서를 읽지 않나

9살에 김나지움 입학 후

8년의 재학 기간 중
6년간 수석을 차지한 '난'인간이었다.

그러나 아무리 잘났어도 반유대주의시대에서
자유로울 수 없었으니

그가 아직 어릴 적,

아버지가 길을 걷다

반유대주의 인간에게
이런 일을 당한 적이 있을 정도.

프로이트는 명석한 머리로 의대에 입학해

장어의 성기와 새우 신경계를 연구하며
연구과학자의 꿈을 키워가지만

나…, 평생 이 아이의 성기를 연구하고파!

유대인이라는 이유로 포기해야만 했다.

ㅋ. 네, 다음 유대인의 허황된 꿈. 넌 그냥 의사나 하려무나.

흐앙! 너무행!

*당시는 연구과학자가 의사보다 인기 직종이었다.

DR.프로이트 *어쩔 수 없이 의사*

어떻게 의사가 되신 건가요?
돈 벌려면 할 만한 게 그것뿐이었단다.
......

그에게는 사랑하는 여자친구 마르타가
있었기에 일단 의사라도(?) 되어
결혼자금을 마련하고자 했는데

그렇게 성공에 목말라 있던 그에게

무엇인가 찾아왔으니!

심리 성적 발달 단계

프로이트는 성드립의 대가답게 아동 발달 과정 이론도 굉장히 성스럽게 정립했다. 아이가 자라면서 쾌락을 추구하는 신체 부위가 달라지는데 이때 욕구를 제대로 충족하지 못하면 그 단계에 머물러 성격 형성에 문제가 생긴다고 보았다. 총 5개의 단계가 있으며 첫 세 단계인 구강기, 항문기, 남근기가 가장 중요하다고 주장했다.

① 1단계 구강기(생후 1년 반까지)

이 시기에 유아는 입으로 빠는 행위를 통해 쾌락을 느낀다. 엄마의 젖을 빨거나 주변 물건을 무작정 입에 넣어 빠는 행위가 이에 속한다.

이때 욕구를 충분히 채우지 못하면 빈정거리고 논쟁하는 성격이 되며 너무 과하게 욕구를 채우게 되면 자기중심적이 된다.

② 2단계 항문기(생후 1년 반에서 3년까지)

배설을 참거나 배출하는 행위를 통해 쾌감을 느낀다.

배변훈련을 통해 부모의 통제를 받게 되는 시기로, 제대로 충족되지 못하면 완벽주의를 추구하는 성격이 형성될 수 있다.

③ 3단계 남근기(3~6세까지)

그 유명한 오이디푸스 콤플렉스가 이 시기에 형성된다. 성기를 통해 쾌락을 느끼며 이성 부모의 애정을 얻기 위해 노력한다. 아버지가 경쟁자인 자신의 남근을 자를 것 같은 거세 불안을 경험하게 된다.

이 시기를 잘 보내지 못하면 권위적 인물에 대한 두려움이나 경쟁적 성향을 갖게 될 수 있다.

④ 4단계 잠복기(6세부터 사춘기 이전까지)

성적 관심 대신 학업과 친구에 집중하며 잠시 성욕을 봉인하는 시기

⑤ 5단계 성기기(사춘기 이후)

성적인 관심이 부활하는 시기. 이성과의 관계를 통해 성적 욕구를 충족시키고자 한다.

2화

극단적 이론의 배경

유아성욕

어머, 잭팟이다~♥

~♪

**엄청난 아이템을
발견했다는 기쁨에**

아, 설레어.

**약물 중독으로 힘겨워하던
친구에게도 처방해주는데...**

친구야, 친구야!
이 약이 바로
너를 부자로 만들, 아니
너를 치료해줄 약물이야!

오!

이 약은

코카인이었다.

미…미안.

재 누구야?

어쌔신이래.

*자기는 중독 안 됨.

**성공의 꿈에서 멀어진 그는
일단 돈을 벌기 위해 신경증 전문의로 일하는데**

프로이트 씨…
유대인이군요?
신경증 전문의가
적당하겠습니다.

힝! 나도
인기과 가고
싶은뎅.

직업 컨설팅

*신경증 전문의는 비인기 직종이라 진입장벽이 낮았음.

여전히 잭팟을 꿈꾸던 그에게

환자분 성함이?

...

히스테리에 걸리셨군요.

근데 이거 어케 획기적으로 치료하지?

방법이 있지요.

오잉?

빛처럼 다가온 한 남자가 있었으니...

치료법은 바로~

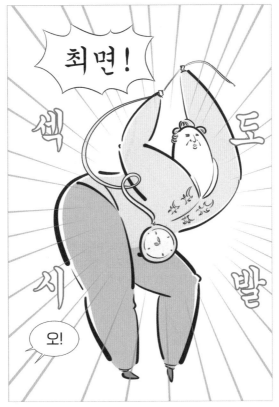

장 마르탱 샤르코

샤르코는 인간에게 두 개의 마음이 있는데

프로이트가 후에 '무의식'이라 부르는
이 두 번째 마음을 최면으로 들여다보아야
히스테리를 치료할 수 있다고 주장했다.

**히스테리를 치료할 획기적인
방법을 배운 프로이트는**

꿈에 부풀어 신경과 의사로 개업하는데...

현실은...

압!

압!

압!

어때여, 어때여?
최면에 걸렸나여?

生生

컨디션
개꿀

안 걸림

자신의 실력을 탓하며 슬퍼하던 프로이트에게

나 노재능인 걸까?

지그문트야,
나 왔어.

아직
그러고 있니?

스승인 조셉 브로이어가 찾아와
이야기보따리를 풀어놓는다.

네가 좋아할 만한
이야기보따리를 가지고 왔단다.

대화를
나누어보아요.

안나 안나

오오

지그문트야,
내 환자 중에 안나 오라는
여자 알지?

환각도 보고…

선생님!
풍성한 머리가 보여요!

세상 사람 다
그대 같았으면.

물공포증까지 있는
전형적인 히스테리 환자였는데

극혐…

최면치료를 하던 어느 날

안나 양,
왜 물을 안 먹나용?
그러다 죽어용.

얍!
최면에 걸려라 얍!

ㄱ.-=ㅔ=-.
.ㅅ.ㄴ

음?

갑자기 엄청나게 욕을 하는 거야.

가안나 새끼!
조옹간나 새끼!
때려죽일 년!
아주 쌉싸버릴 년!

그래서 뭔가 있겠다 싶어서

뭐지? 나한테 하는 말인가?
여자한테 하는 말 같은데,
뭐지? 뭘까?

육시랄 년! 뒈져버릴 년!
모듭쓸 년! 카아악, 퉷!

그에 대한 대화를 시작하게 됐어.

안나 양.

후

옹

딱!

그 겨집은
아주 나쁜 겨집이야요!

그러니까…

그녀는 유리잔에 담긴 물을
개에게 준 친구를 떠올리게 되었고

내 새끼 한 모금
엄마 한 모금.

할할할

와, 진짜 핵극혐.

사회 통념상 시원히 욕을 해주지 못해
병에 걸렸단 사실을 알게 되었다.

나무아미타불
관세음…

푸컥 푸컥!

얘 뭐 한다니?

정신 수양 중이래.

안나는 이 감정을 쏟아낸 뒤에야
물을 마실 수 있게 되었다.

역시 썽날 때는
욕랩이 최고!

이걸로 안나 양
히스테리가 치료됐어.

대화치료래,
안나 양이.

브로이어는 알지 못했던 것 같다.

쨍쨍!

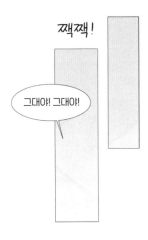

그대야! 그대야!

브로이어 사부야!
내가 월척을 낚아왔어!

헐레 헐레
벌떡 벌떡

오!

어므나 세상에.
어떤 월척일까?

주섬주섬

이게 다 사부 덕분이야!
내가 대화치료
바로 써먹었거든!

프로이트가 얼마나...

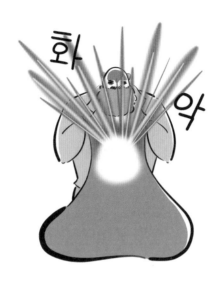

극단적인 인물인지를...

프로이트와 코카인

불안과 우울로 고통받던 프로이트는 자기 자신을 실험 대상으로 삼아 하루에 코카인 5mg을 투여했다.

직접 기록한 일지에 따르면 날이 갈수록 힘이 넘쳐났으며 수면욕이 점점 사라져 하루에 4시간만 자도 충분하기에 이르렀다고 하는데

명예욕이 있던 프로이트는 신이 나서 코카인에 관한 책을 집필하지만 결국 실패한다. 그 대신 안과의사 칼 콜러가 명예를 얻게 되는데, 동물실험을 통해 코카인이 마취에 효과적이라는 사실을 발견했기 때문.

3화

현대 심리학에
미친 영향력

프로이트는 환자의 히스테리가 어린 시절
겪은 충격적 성적 경험과 관련이 있다 믿었고

브로이어는 (당연하게도) 프로이트가 너무
극단적이라 생각했기에 그길로 결별한다.

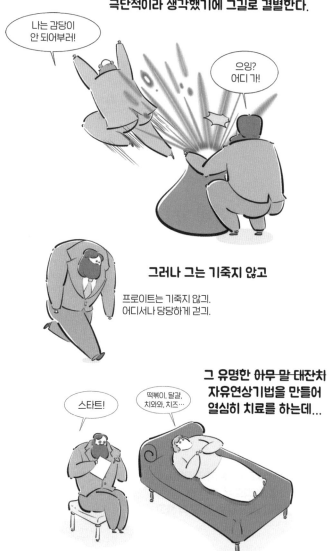

나는 감당이
안 되어부러!

으잉?
어디 가!

그러나 그는 기죽지 않고

프로이트는 기죽지 않고.
어디서나 당당하게 걷고.

그 유명한 아무 말 대잔치
자유연상기법을 만들어
열심히 치료를 하는데...

스타트!

떡볶이, 달걀,
치와와, 치즈···

*자유연상기법: 생각나는 대로 거르지 않고 말하는 기법. 무의식을 탐구하기 위해 사용된다.

그러던 와중

제가 태어나자마자 아부지가 돌아가셨어요.

…? 이상하다? 어제는 분명…

제가 태어나자마자 아버지가 지병으로 돌아가셨대요. 그런데 저는 5살 때 아버지에게 성추행을 당했답니다. 그러고 보니 내일은 아버지 사망 20주기네요. 저는 10년 전 아버지의 성추행을 견디다 못해 가출했어요.

이러면 곤란한데?? 나의 히스테리 원인이…

과거에 대한 환자의 말이 지속적으로 바뀌어 신빙성이 떨어지는 걸 포착하고

내가 그건 아니라고 진즉 말했...

히스테리 원인 이론을 바꾸...

어릴 적
성적 뇌내
망상이
무의식에
갇혀 있다
뻥하고
터지는
거구나!

**...지 않고 더 이상한 이론을
주장하게 된 프로이트 찡.**

미친 게 틀림없군.

**이게 당췌 무슨 말인지
간단히 설명하자면...**

우리 딸 애니야.

부엉부엉

밤이 늦었으니 이제 코야코야 잡시다.

옴맘마

아이들은 이성 부모를 너무나 사랑한 나머지

스위트 드림 마이 스위리.

*실물과 다소 차이가 있습니다.

꺅! 우리 아빠지만 진짜 대박 멋있다!

머릿속으로 대략 이런 상상을 하게 되는데

딸아, 옷흥!

자체검열

아부지, 옷흥!

이토록 남사스러운 생각은 무의식 저편에 감금되어버리고

**이 상상이 후에 히스테리가 되어 돌아온다는 것.
(...이라는 프로이트의 생각)**

당연히 두들겨 맞은 이 이론이 바로

그 유명한 '오이디푸스 콤플렉스'다.

제 이상형이요?
어머니 같은 여자죠.
그래서 어머니랑
결혼했답니다. 헛헛.

나자마자 패륜을 저지를 것이라는
신탁을 받았던 오이디푸스.

우르르르,
우리 오이디푸스!
아빠 보세요, 까꿍!

여보! 그 아이가
당신 죽이고 나랑
결혼하게 된대요!

사형시켜.

운 좋게 살아남아 성장한 뒤
아버지를 죽이고 어머니와 결혼했다는
신화 속 주인공 오이디푸스의
이름을 따온 것인데

나 진짜 엄빠인 줄
모르고 그랬는데
이제 어쩌면 좋소?

눈깔을 뽑으면
되는 것이다.

프로이트가 이토록 괴기한 이론을 만든 이유는

**그도 어릴 적 어머니를
이성적으로 사랑하고**

아버지를 미워했기 때문.

이것만으로는 모자랐는지

그 유명한 무의식 빙산 이론까지
주장해 온갖 미움을 받게 되는데

**전혀 객관적이지 않은 그의 주장이 받아들여지지
않은 것은 어찌 보면 당연한 일이었다.**

**그럼에도 기죽지 않고
연구를 지속한 결과**

**아들러를 포함한 '수요 모임'을
시작으로(정신분석학회의 시초)**

지지자들이 늘어나기 시작했고

클라크대학에서 강연까지 하며
미국에서 유명세를 탔지만

그를 기다리던 초특급 이벤트가 있었으니

바로 제1차 세계대전이다.

전쟁 탓에 프로이트는 엄청난 가난과 싸워야 했고

**자신이 가장 아끼던 딸 소피를 영양실조와
폐렴으로 떠나보내기까지 했는데...**

이런 기가 막힌 상황의 연속에

그가 흑화된 것도 무리는 아니었으리라.

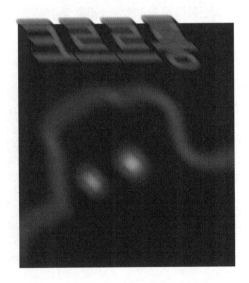

그로부터 6개월 뒤 가장 어둡고 무거운 저서
《쾌락원리의 저편》을 발간하여

인간에게는 죽음과 파괴 본능인
타나토스가 존재한다고 주장했다.

그렇게 인생에게 두들겨 맞은 프로이트는

구강암까지 획득하는데

**그럼에도 그 유명한 원초아, 자아, 초자아를
설명하는 책을 출간하며 연구를 성실히 하던 와중**

히틀러가 등장한다.

*아돌프: 히틀러의 이름은 아돌프 히틀러.

**거기에 막내 딸 안나가 게슈타포에
잡혀가 심문을 당하는 사건까지 일어나자...**

*게슈타포: 나치의 비밀경찰.

**결국 런던으로
떠나게 되는데**

그 후 건강상태는 더욱 나빠져

결국 1939년 안락사로 세상을 떠나게 된다.

지그문트 프로이트

그의 이론은 다소 판타지스러운 부분이 분명 있었으며

여성이 남근을 선망한다는 이상한
이론을 발표해 많은 질타를 받기도 했다.

이래저래 말도 많고

탈도 많았던 그의 이론이지만

수많은 심리치료 기법이
정신분석을 시작으로 탄생했다.

프로이트의 이론이 투박하고
외길 이론 같아 보이기는 하지만

그가 심리치료 역사에
엄청난 영향을 미쳤음은 틀림없다.

변태라고 놀리지 말아요.

덧.

프로이트가 심리학의 아버지는 아니다.
상담을 한 것은 아니지만,
심리학을 철학의 영역에서 과학의 영역으로
처음 가져온 인물은 분트였기 때문.

내가 애비다.

빌헬름 분트

흥

어쨌거나!

꿈의 해석

프로이트는 꿈을 욕망의 실현(wish-fulfillment)이라고 표현했다.

욕망의 실현이라기엔 조금은 독특한 꿈의 해석도 있었다. 이가 빠져 녹아 없어지는 꿈을 자주 꾸었던 남성 내담자에게 프로이트는 엄청난 해석을 해주는데, 지나치게 자기 위로를 했던 남성의 억압된 기억이 치아가 빠지는 꿈으로 나타난다고 한 것.

프로이트에 따르면 치아란 남성의 생식기를 의미한다. 이 내담자는 청소년 시절 자기 위로를 너무나 열심히 한 탓에 남성성을 전부 소모하게 되었을까 봐 두려워했고, 이 기억이 억압되어 있다가 꿈에서 발현된 것이다(라고 프로이트는 주장했다).

4화

원초아 vs. 자아 vs. 초자아

유명한 원초아, 자아, 초자아에
대해 간단히 설명해보자.

인간은 본디 쾌락 충족을 우선으로 하는
원초아만을 가지고 태어나는데

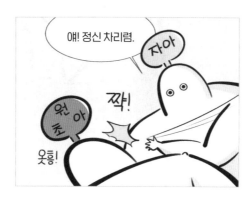

**원초아로부터 자아가 분화해 나와
세상과 상호작용하는 법을 배우게 된다.**

그렇게 달래며 지내는 와중

초자아가 등장한다.

제길!
원초아만으로도
벅찬데!

초자아란 부모에게서 배우는
도덕적 가치관 및 관념이기에
다소 꼬장꼬장할 수 있는데...

이 세 가지 세력을 설명하기 위해 예를 들어보자.

빼액! 템 주세요!

준비물 1: 사촌동생

준비물 2: 한정판 피규어

**설날을 맞이해 한정판 피규어를
대놓고 훔치려는 사촌동생과**

**비싼 피규어를 공짜로 얻을 생각에
싱글벙글한 사촌누나와**

쪼잔하게 굴지 말고 그깟 장난감 따위
애나 주라고 압박하는 집안 으르신들.

초자아가 말하길

그리하여 마찰이 생길 수밖에 없는데

자아는 초자아와 원초아의 요구를 절충하여

현실적인 대안을 제시한다.

이렇게 자아가 제대로 작동하면
건강한 마음을 영위할 수 있지만

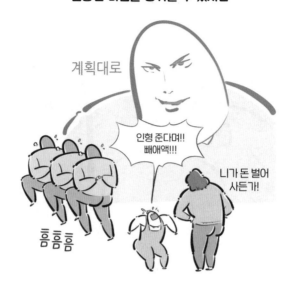

어느 한쪽의 세력이 지나치게 커지면

정신건강에 해롭습니다.

프로이트 방어기제

1894년 프로이트가 처음 만든 개념으로 불안이나 수용할 수 없는 충동을 막기 위해 현실을 왜곡하거나 부정하는 무의식적 심리 전략이다. 심리적으로 건강한 사람들도 여러 방어기제를 사용하지만 필요 이상으로 사용하면 정신 병리로 이어질 수 있다.

원초아와 초자아가 대치하다 원초아의 욕구가 더 강해지면 불안감이 생기는데

이때 사용하는 스킬이 바로 방어기제다.

프로이트가 방어기제 개념을 만든 것은 맞지만 그의 딸 안나 프로이트가 1936년《자아와 방어기제》를 통해 다음과 같은 다양한 방어기제를 소개했다.

① 억압 (repression)	수용할 수 없는 기억을 무의식 저편으로 보내버리는 방어기제. 고통스럽고 수치스러운 기억을 잊어버리는 것.
② 부정 (denial)	위협적인 현실을 인정하길 거부하는 것. 사건 자체가 일어나지 않았다고 믿게 된다.
③ 투사 (projection)	피해망상의 한 종류. 인정하고 싶지 않은 생각이나 욕망이 자신의 것이 아닌 타인의 것이라 믿는다.
④ 동일시 (identification)	투사와 반대되는 방어기제로 두려워하거나 존경하는 대상의 태도를 받아들이면서 닮아가는 것을 뜻한다.
⑤ 퇴행 (regression)	안정감을 느끼기 위해 발달 초기 단계로 돌아가는 행위. 자신 없는 상황에서 어린 시절로 돌아가 불안감을 감소시키는 방어기제다.
⑥ 반동형성 (reaction formation)	무의식이 지시하는 것과 반대로 행동하는 방어기제. 다른 사람에게 마음을 빼앗긴 사람이 배우자에게 과도한 애정을 보이는 행동이 한 예가 될 수 있다.
⑦ 전위 (displacement)	위험한 충동을 관련된 사람이 아닌 덜 위협적인 사람에게 분출하는 것. 상사에게 갈굼을 받고 부하 직원에게 화풀이하는 행위가 한 예다.
⑧ 합리화 (rationalization)	불합리한 태도나 행동을 합리적인 것이라고 스스로 설득하는 방어기제.
⑨ 승화 (sublimation)	가장 바람직한 방어기제. 충동이나 불안을 사회적으로 승인 가능한 방식으로 표출하는 것을 뜻한다.(예: 예술가)
⑩ 주지화 (intellectualization)	위협적인 상황에서 거리를 유지하기 위해 지적 분석을 하는 행위. 감정을 분리하고 이성적으로 바라보며 자신의 감정을 해석하는 방어기제다.

알프레드 아들러

Alfred Adler, 1870~1937

이전에는 이름을 날리지 못했으나 《미움받을 용기》 라는 책으로 단숨에 유명해진 이론가. 프로이트와는 달리 사람들의 마음을 따스하게 만드는 이론을 정립했으며, 그의 삶 또한 따스함으로 물들어 있다.

5화

개인심리학의 탄생

1800년대 빈…

이곳에 아주 건강하고 명석한 소년이 살았다.

그리고 그를 지켜보는 연약한 소년이 있었으니

형은 좋겠네…
건강하고 똑똑해서.

열등감에 젖어 울고 있는 이 소년이 바로

우나?

꺼져.

귀염

흥. 잘났어들 진짜.

뽀짝!

알프레드 아들러 선생 되시겠다.

알프레드 아들러

그의 이름은 우리에게 다소 생소할 수 있으나

어머! 왜 모르나요!

서운!

'미움받을 용기'라는 책 이름은
한 번쯤 들어봤음직도 한데...

남의 시선을 지나치게 의식할
필요가 없다는 메시지를 전달하고 있다.

*《미움받을 용기》 저자
기시미 이치로, 고가 후미타케

I WANT YOU TO
남 눈치 ㄴㄴ

'열등 콤플렉스'라는 단어의 창시자인
아들러는 이렇게 말했다.

건강건강
우월우월

우리는 열등감을 느끼면

그 부분을 감추려 하지만

**열등감은 숨겨야 할 게 아니며,
이를 극복하면 더 나은 사람이 될 수 있다고 말이다.**

프로이트와 동시대를 살았지만

인간에 대한 견해가
전혀 달랐던 아들러...

아들러는 어쩌다 이런 희망적 메시지를 전파하게 된 걸까?

**1870년 2월 7일 오스트리아 빈의
유대인 가정에서 차남으로 태어난 아들러는**

엄마, 이 덩어리는 뭐야?

느그 동생이란다.

어린 시절

꾸에엑!

엄마! 얘 죽어!!!

매우 병약했다.

그의 어린 시절을 이토록 고통스럽게 만든
삼대장이 있었으니

저승길 삼대장

그 첫째는 구루병이었고
(이 때문에 네 살 때까지 잘 걷지 못함)

둘째는 수레에 두 번 치인 교통사고였으며

마지막으로 아들러의 목숨을 앗아갈 뻔했던
폐렴이었다.

이처럼 어린 나이부터 인생에 두들겨 맞다보니

**건강한 형에게 열등감을 느끼는 건
어찌 보면 당연한 일**

그러나 아들러는 열등감에 굴복하지 않고

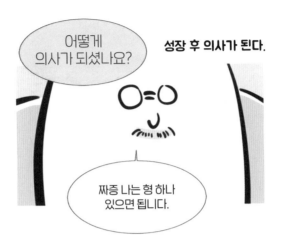

성장 후 의사가 된다.

어떻게
의사가 되셨나요?

짜증 나는 형 하나
있으면 됩니다.

여하튼 우여곡절 끝에
서커스단 근처에 개원한 아들러에게

일반의 원장

일반의 아들러

잊지 못할 사건이 일어났으니…

출생 순서 이론

잘난 형 밑에서 열등감을 갖고 자란 아들러는 출생 순서가 성격 형성에 중요한 역할을 한다고 주장했다.

첫 번째 아이는 태어나면서 왕처럼 군림하지만 둘째가 태어나는 순간 왕위를 박탈당해 상실감을 경험하게 된다. 그 뒤 첫째는 부모의 사랑을 되찾기 위해 부단한 노력을 기울이게 되는데, 이 때문에 환경에 대한 적응능력이 좋고 타인과 좋은 관계를 맺는 법을 배운다.

둘째는 나면서부터 경쟁 상대가 있기 때문에 경쟁심과 권력욕이 강하다.

사이에 낀 중간 아이는 위에 치이고 아래에 치이며 부모의 관심을 받지 못하는 경우가 많기 때문에 둘째 아이 증후군(middle child syndrome)에 시달리게 된다.

이 같은 아들러의 주장은 최근 논쟁의 대상이 되고 있는데
5가지 성격 특성 요소인 신경성, 외향성, 친화성, 성실성, 개방성이 출생 순서에 영향을 받지 않기 때문이다.

6화

열등감이 인간을 성장시킨다

열등감 이론

장소가 장소이다 보니
아들러는 서커스단원들을 많이 진료했는데

꿀
벅
꿀
벅

좋은
탐스러움이다.

그 정도 꿀벅지는
타고난 거죠?

갖고 싶당.

오. 그렇지 않아요.

저는 어린 시절

와하하! 얘들아
쟤 다리 좀 봐라!!!

심각한 하체부실이었답니다.

후달달달

역삼각형 가분수래요!!
두 걸음 걸으면 자빠진대요!

콤플렉스에 시달렸지만

와하하하!! 쟤는
물구나무서서 달리는 게
훨씬 빠르대요!

아무리 놀려도 어차피
우리 못 잡는대요!!

끄응

열등감을 극복하기 위해 엄청나게 노력했고

두고 봅세…
내 부던히도…

노오력을 하리.

마침내 이런 꿀벅지를 얻을 수 있었답니다.

다시 한 번 나불대어보려므나.

얌 전

!

어머
세상에!

아들러는 이때 인간은 약점을 보완하기 위해 노력하는 건전한 존재라 믿게 된다.

그러던 1902년, 프로이트로부터 초대장이 오고

5인조로 출발했던 수요 모임은

후에 빈 정신분석학회가 된다.

프로이트는 아들러의 '기관열등에 관한 연구'를
열렬히 지지했고

*기관열등: 신체적인 선천적 기관의 결함.

1910년에 학회장으로 아들러가 선출되기도 했는데

언뜻 사이가 매우 좋아 보였으나

실상은 그러지 못했으니

아이고, 작아서 안 들리네.
인간은 그저
인간이 얼마나 무의식에 흔들리는 존재다.
건설적이고
스스로 잘하는 존재인데!

인간을 바라보는 관점이
극명하게 달랐기 때문...

...이라고는 하지만 사실

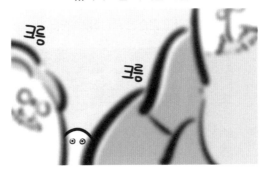

크릉

크릉

성격 차이입니다.

*《아들러의 생애》 저자 에드워드 호프만.

아들러는

따뜻하고 온순한 사람이었지만

지그문트
*지그문트: 아들러의 형 이름.

형 지그문트에 대한 열등감이
매우 심했기에

형과 동명이인인 것도 모자라 꼰꼰하기까지 한
프로이트의 모습이 마음에 들 리 없었을 터.

결국 자신의 지지자들과
정신분석학회를 탈퇴 후
자유정신분석학회를 설립하고

드러워서 나간다.

옳소!

옳소!

돌돌돌

독립 후
한스 바이힝거의 《마치 ~처럼의 철학》을 읽고
큰 감명을 받게 되는데

어머머,
이분 나랑 생각이 똑같네.

소망이 행동하는 사람을 만든다는
메시지를 담은 바이힝거의 이론은

이렇게 되고 싶은
마음이

운동을 하게 만들죠.

**인간은 열등감 극복을 위해 행동한다는
아들러의 이론과 일맥상통했다.**

이토록 건전한 이론이다 보니
종교인과 교육인들의 환영을 받았는데

따스 메시지를 마음껏 전파하던 아들러...

문제는...

군대도 그를 환영했다는 것.

그는 군의관으로 복무했는데

아들러는 이때 인간은
공동체적 존재라 믿게 된다.

같은 세계대전을 겪었지만
인간에 대한 견해가 프로이트와 전혀 다른 점이 흥미롭다.

전쟁은 1918년 연합군의 승리로 끝이 났고

**오랜 기간 이어진 전쟁 끝에
(게다가 패전국)**

빈에는 고아들이 넘쳐났는데

이로 인해 마음이 찢어진 아들러는
공동체를 위해 사회활동을 하기로 마음먹는다.

의외의 특기

온갖 병마와 싸우고 불굴의 의지로
의사가 된 아들러는 사실…

이것이 의사 아우라

노래를 엄청 잘했다.

자타공인 아름다운 테너
(beautiful tenor voice)

삐꼬리 같은
목소리다 이거에요

아들러의 가족 모두 음악을 좋아했으며 그 역시
오페라에 대한 열망을 품었으나

아들러는 꼭 커서
오페라를 할 테에요

병마와 더불어 동생의 죽음에 충격을 받아
의사가 되기로 마음먹게 된 것.

7화

현대인에게 남긴 자산

아들러는 빈에 있는 여러 학교에 상담소를 개설하고

아이의 선생님 및 부모님과 면담을 하고

이후 아이와 면담을 한 뒤

**마지막으로 모두가 한자리에 모여
공개 토론을 진행했다.**

이렇게 진행한 이유는...

모든 문제가 대인관계에서
비롯된다는 믿음 때문이었다.

**그의 이론은 미국에서도 큰 인기를 얻어
컬럼비아대학교에 초대받는데**

그러던 1930년 어느 날...

유대인이었던 아들러의 병원이
나치에 의해 강제 폐쇄당한다.

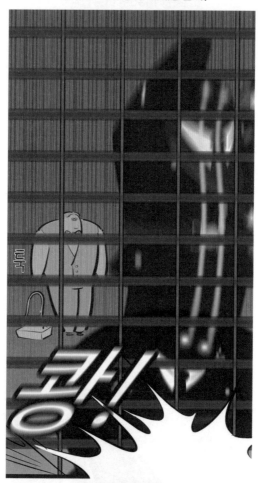

충격을 받은 아들러는 오스트리아를
떠나 미국으로 건너갔고

롱아일랜드 의과대 교수로 역임한다.

자 격 증

미국 대학 교수

전문직은 어디서든 살아남는다.

그 후에도 많은 강연을 다니며
활발히 활동했던 아들러는

1937년 5월 28일
스코틀랜드에서 강연을 앞두고

심장마비로 세상을 떠나고 만다.

알프레드 아들러는

그렇게도 갑자기 세상을 떠났지만

그의 이론은 계속해서 남아

지금까지도 많은 이들에게
영향력을 미치고 있다.

아들러는 시대를 앞선 선구자였다.

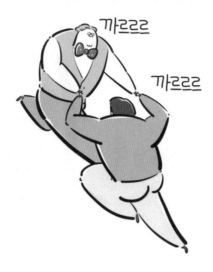

까르르르

까르르르

그의 이론은 너무 피상적이고
이상적이라는 비판을 받기도 했지만

나이브한 인간이구먼.
인생사가 그렇게 따스하고
호락하지 않아.

옳소!

**아동 교육, 양육, 결혼관계 심리학 등에
많은 영향을 미쳤고**

요즘같이 외로움이 확산하고 있는 때에

공동체를 중요시할 필요가 있다는 선견지명을 보여주었다.

**또한 열등감 그리고 타인의 시선 때문에
지친 이들이 많아진 요즘**

아들러 심리학은 많은 위로를 전해준다.

그대는
더 나은 사람이
될 수 있어요.

덧.

**이토록 따스하고 유순한
그에게도 아킬레스건이 있었으니**

그가 그토록 화를 내는 모습은
그때가 처음이었답니다.

**그러니 아들러가 프로이트의 제자가 아닌
동료였다는 사실을 꼭 기억해두자.**

알겠지!

아들러의 흑역사

뇌섹인(뇌가 섹시한 사람)의 상징인 의사
였던 아들러는 사실 어릴 적 학업에 그다
지 큰 두각을 나타내지는 못했다. 특히 의
사가 되기 위해 필수적으로 잘해야 하는
수학에 소질이 없었다.

결국 선생님은 아버지와 아들러에게 한 가지 제안을 하게 되는데

다행히(?) 아버지는 말도 안 되는 소리로 치부했고 아들러는 학업을 계속
이어나가게 된다.

아들러 또한 약한 몸과 학업 부진이라는 도전장 앞에서 '난 안 될 거야'라
는 마인드 대신 어려움과 장애물을 적극적으로 극복하려는 자세를 취했고
결국 역사에 남을 위대한 심리학자가 될 수 있었다.

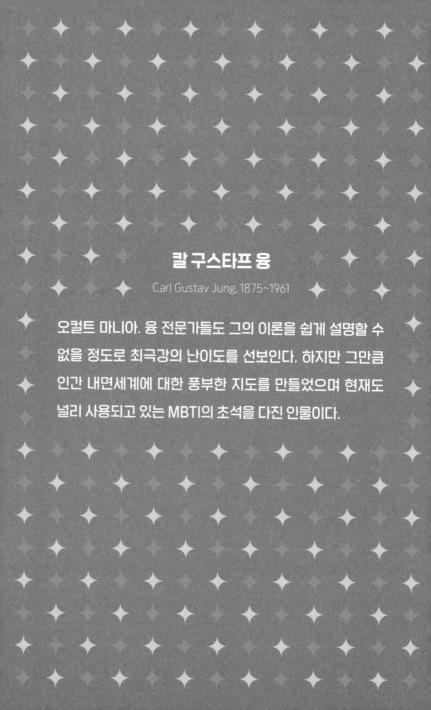

칼 구스타프 융

Carl Gustav Jung, 1875~1961

오컬트 마니아. 융 전문가들도 그의 이론을 쉽게 설명할 수 없을 정도로 최극강의 난이도를 선보인다. 하지만 그만큼 인간 내면세계에 대한 풍부한 지도를 만들었으며 현재도 널리 사용되고 있는 MBTI의 초석을 다진 인물이다.

8화

분석심리학의
탄생

누가 그랬던가.

참 인생은 중년부터라고.

인생은

나를 찾아 떠나는 여행이라고.

♡ 1 좋아요

나는야 떠난다.. ㄴㅏ를 찾아 ㄸㅓㄴㅏ는 여행★

#부장 #자아 #중년 #여행 #최고

댓글 0

이 주제를 공식적으로 연구한 사람이
바로 칼 구스타프 융인데

연구 주제도 건전했고
훌륭한 변태였던 프로이트와
사이가 벌어진 걸로 봐서는

진짜 싫어!!

性!
교미!
근친!

변태 영감!!!

아들러처럼
매우 모범적인
인물이었을 것 같지만

사실 이 사람도 좀 특이했다.

자고로 무의식이란 건
이런 거라구요!! 토템! 의식!

1875년 7월 26일 스위스에서

응애!

차남 칼 융이 태어난다.

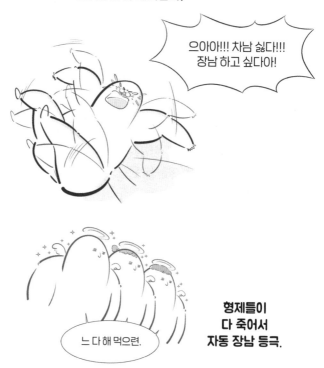

으아아!!! 차남 싫다!!!
장남 하고 싶다아!

느 다 해 먹으련.

**형제들이
다 죽어서
자동 장남 등극.**

융의 아버지는 성직자였는데

장래 희망
이름: 칼 융
목사

나두 훌륭한
목짜님이 될 거에요!

건실하고 건강한 집안이었을 것 같지만

한 가지 비밀이 있었으니

…아부지….

바로 어머니가 낮저밤이였던 것.

**낮에는 저엉상
밤에는 이이상**

중얼 중얼 중얼 중얼 중얼 중얼 중얼 중얼 중
얼 중얼 중얼 중얼 중얼 중얼 중얼 중얼 중얼 중얼
중얼 중얼 중얼 중얼 중얼 중얼 중얼 중얼 중얼 중얼
중얼 중얼 중얼 중얼 중얼 중얼 중얼 중얼 중얼 중얼
중얼 중얼 중얼 중얼 중얼 중얼 중얼 중얼 중얼 중
얼 중얼 중얼 중얼 중얼 중얼 중얼 중얼 중얼 중얼 중얼
중얼 중얼 중얼 중얼 중얼 중얼 중얼 중얼 중얼
중얼 중얼 중얼 중얼 중얼 중얼 중얼

엄마가 또 '그것들'과
대화하나 봐요…

융의 어머니는 밤마다 혼령이 찾아온다고 믿었는데

어느 늦은 밤

**엄마 방 앞에서 목만 내놓고 떠다니는
귀신을 보고 영적세계를 믿게 된다.**

오…컬트!

엄마… 레알이었구나.

토템!

영혼!

*진짜 괜히 이유 없이 이러는 게 아님.

그런 영향을 받아서였을까?

서걱
서걱
서걱
서걱

서걱 서걱 서걱
사각 사각 사각
서걱 서걱 서걱
사각 사각 사각

호도도도돗!

어린 시절 융은 다소 특이했다.

얘… 얘들아…

두 개의 인격

융의 어머니는 양가감정을 가진 여성이었다. 이에 영향을 받은 탓인지 융 자신도 두 개의 인격을 가지고 있다 믿었는데 제1 인격은 평범한 남학생이 었고 제2 인격은 품위와 권위가 있는 남성이었다.

또한 제1 인격은 사람들과 어울리며 실제 현실을 살아갔고 제2 인격은 심리적 성숙과 관련이 깊었다.

융의 이론에 따르면 인간은 여러 개의 인격을 가지고 있고 이를 통합하여 하나로 만드는 것이 인생 과제인데, 제2 인격이 인간을 성숙케 하고 통합하려는 의지를 가지고 있다 한다.

9화

프로이트와의
운명적 만남

재 좀 이상하지 않니?

멈칫

칼 가지고
이상한 거 하는데…

위험한 거
아나?

쳐다보지 마…

야, 됐어, 됐어.
우리끼리
딱지치기나 하자.

그래!

…

**친구들과 어울리기보다는
토템을 조각하며 놀았고**

흥. 예술도 모르는 것들.
나두 늬들이랑은 안 놀아!

이게 을매나
내적 평화를 주는데요.

삐죽

**하기 싫은 일이 있을 때는
기절도 자유자재로 할 줄 알았다.**

얘! 용아!! 숙제해야…
뭐여! 또 기절한 겨?

살
폿

인간 정신 대가의 아동기.

아무튼 무럭무럭 자란 융은

기절을 잘하면

의대를 간다

*중간에 정신 차리고 공부해서 간 거.

1895년 바젤 의대에 입학하고

이것이
의사 아우라.

아이구, 내 새끼 융아.
이 아비는 네가 정말
자랑스럽구나.

입학 1년 뒤 아버지의 죽음과 가난 세습이라는
2단 콤보를 맞아버린다.

그러나

사람이 그냥 죽으라는 법은 없다던가.

꺄악! 가난이는 퇴걀해요.

응?

로또급 여자 만나 평생 돈 걱정 안 하게 됨.

그렇게 걱정 없이

마스터, 녹차 한 잔?

연구하던 융은...

지그문트 프로이트
이 영감님으로 말할 것 같으면

변태롭기가 100점이요

극단적이기는 200점인데

융은 도대체 그의
어디가 좋았던 걸까?

스위스 취리히
부르크휠츨리 정신병원

부르크휠츨리 정신병원에서
의사로 근무하던 융은

다른 증상은
또 없나요?

흥. 만날 증상! 증상! 증상!
넘나 겉핥기 식이야.

정신장애 치료를 위해서 마음(무의식)을
들여다봐야 한다고 생각했기에

인간 메커니즘이 1+1=2도 아니구.
증상 뒤 숨은
참 마음을 알아내야지!

여친이 괜찮다 말하면
액면 고대로 믿을 놈들.

증상만 주구장창 연구하는 방식이 탐탁지 않았는데...

맞다 맞아.

응? 맞장구쳐주는
내면의 나?

**그 시기 프로이트도
비슷한 주장을 펼쳤으니!**

**융의 마음을
빼앗기에 충분했다**

그는 설레는 마음을 부여잡고

두근 두근

답장이 올까?

프로이트에게 팬레터를 썼고

우편 왔습니다.

오.

오스트리아 빈

**사실상 학계 왕따였던
프로이트는 짱 좋아한다.**

마누라야… 나…
나도 팬 있어… 그것도
잘나가는 팬…

울지 마라.
좋은 일이잖수.

*융은 꽤 유명한 정신과 의사였음.

인연은 그렇게 시작되어

장거리 연애 친분을 이어갔고

우리…

이제 그만…

1년 후 오프라인 만남을 갖는데

슬슬 만나요…♡

1907년 오스트리아 빈

프로이트와의 만남은 매우 강렬했다.

융의 여자들

재정뿐 아니라 연구에도 큰 도움이 되어주었던 엠마. 그러나 융은 그녀에게 충성하지 않았으니…

무려 한 명도 아닌 여러 명의 여자와 썸씽이 있었는데 그중 가장 널리 알려진 여성은 사비나 슈필라인과 토니 울프다.

영화 〈데인저러스 메소드〉에서도 등장했던 사비나 슈필라인은 극심한 신경증 환자로 융에게 치료를 받았고 이를 계기로 썸을 타게 되는데 관계는 그다지 오래 지속되지 못했다. 그녀는 프로이트와도 우호적인 관계를 맺어 훗날 정신분석가가 된다.

분석심리학 동료였던 토니 울프는
융이 "두 번째 아내"라고 칭할 만큼 각별한 사이였
는데 울프는 융의 이상적인 아니마*였기 때문.

완벽해..☆

그녀는 융의 집에서 함께 연구하며 가족들과 식사를 하기도 했다. 융은 공식 석상에 나갈 때마다 엠마와 토니 울프와 함께 동행했다. 그만큼 내면세계와 연구적 측면에서 토니는 융에게 큰 도움이 되었던 것. 여기서 본처 엠마가 얼마나 대단한 여성이었는지 증명되는데, 융이 힘든 시기를 보내고 있을 때 자신이 남편을 위해 할 수 없는 일을 토니가 할 수 있다고 인정했다고 한다.

빛

그 자체

*아니마: 남성 내면의 여성 인격.

10화

인생, 자기를
찾아가는 길

저희 집으로
모시죠.

뉘엿
뉘엿

헉헉…

찌르르륵
찌르르륵

헉헉…

헉헉…

영감님… 대단해…

첫 만남이 얼마나 강렬했냐면

정말 엄청난 에너지군요… 13시간을 논스톱으로…

훗. 너야말로… 이런 열정 정말 오랜만인 걸?

남정네 둘이 13시간 동안 릴레이 토킹 어바웃을 했을 정도

까르르륵~ 수다가 이렇게 재미난 건 줄 미처 몰랐네!

까르르륵!

망할 영감탱이. 나하고는 5분도 대화 안 하면서 젊은 놈이랑은 13시간을 뛰어.

하지만 이토록 강렬했던 만남은

아픔만 남기고 끝났으니...
(왜인지는 잠시 뒤에)

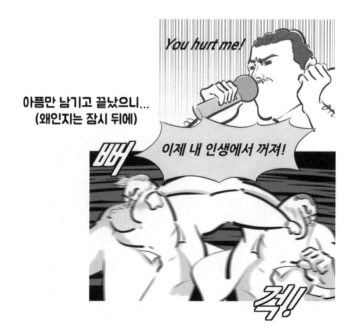

프로이트와의 결별은 시작에 불과했다.

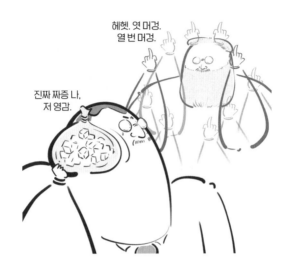

이 시기 친구들도 그를 떠나고

대학 강단에서도 물러나며

친애하는 융 선생님.
귀하의 재능과 역량은
뛰어나지만
안타깝게도 저희와는
더 이상 인연을 함께하기가…

그짓말! 그냥 내가
마음에 안 드는 거잖아!

인생 풍파 한 방에 겪은 융.

헤헤. 대 유잼.

으앙 가만히만 있어도
힘든 39살인데!

찰싹

찰싹

오죽 심했으면

오오오…!! 보인다!
피바다와 시체의 행렬이!

응?
때늦은 중2병인가?

악몽과 환상에 시달렸을 정도인데…

그러나 그가 누구던가.

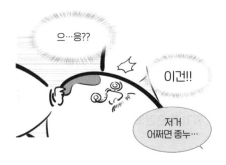

으…응??

이건!!

저거
어쩌면 좋누…

인간 정신의 대가답게

위기의 순간에서 인생의 진리를 찾아버린다.

대가가 깨달은 인생의 진리는
과연 어떤 것일까?

까, 설레어!
알고 싶당!

그것은...

인간은 여러 부분의 집합이 아니라
하나의 통합적 전체로 태어나며,
분화와 통합을 반복해 전체성을
발현해나간다.

인간이 일생을 통해서 추구해야 할 일은
타고난 전체성을 되도록 최대한 살리고,
분화된 것을 일관성 있고 조화롭게 발전시키는 것이다.
뿔뿔이 흩어져 제멋대로 움직이며 갈등을 일으키는,
즉 여러 체계로 분화되어 분열된 성격은 건강하지 못한 성격이다.
자기(self)가 성격의 중심이자 전체다.

집단 무의식은 개인적 경험이 아닌 인류의 역사와 문화를 통해 공
유된 정신적 자료의 저장소로서 인류 이전의 조상 인류로부터 전해
지는 원시적 이미지로 구성된 집단적 이미지의 저장소이다. 인간
의 개성화를 이루기 위해 반드시 우리의 행동에 영향을 주는 수없
이 많은 원형들이 있다. 원형들은 우리 인류의 신화, 민속,
예술 등에서 보편적이고 공통적으로 나타나는 반복적인 주제들을 나
현한다. 원형은 출생, 재생, 죽음, 권력, 마법, 영웅, 어린이, 고
아, 사기꾼, 현자, 신, 악마, 어머니, 대지, 거인, 해와 달 등 문화
를 막론하는 나라나는 보편적인 선험적인 심상들로 감정을 통
해 표현된다. 대표적인 원형으로 페르소나, 남성 속의 여성성(아
니마), 여성 속의 남성성(아니무스), 그림자, 자기 등이 있다.

*출처: 권석만, 《현대 심리치료와 상담 이론》,
《두산백과》.

쉽게 말하자면, 인간은 자신에 대해
잘 안다고 생각하지만

그것이 진짜 내 모습이 아닐 수도 있으니

그건 바로…

발그레

자기야…♥

오!

자신조차 인식하지 못하는 나의 '참모습'.
융은 이것을 '자기(self)'라고 불렀는데

인생은 바로 이 '자기'를 찾아가는 과정인 것이다.

나!
나의 자기를 찾아
떠나려구!

Couple

느그 자기는
나일 텐데요.

하지만

따르릉따르릉
비켜나세요
우리 자기 찾아가요,
따르르르릉.

이 안에 진짜 내가 있단 말인가!

나의 정신세계

미지 미지
세계 세계

응?

부스럭
부스럭

이 과정이 쉬우면 어디 인생 테스크겠는가?

가는 길이 꽤나 험난하다.

어떻게 가는지는
60초 후 공☆개☆

마음의 소리를 들으며 진리를 찾은 그는

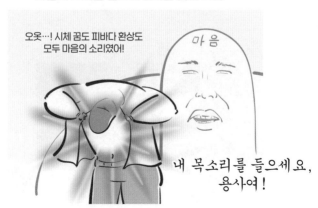

목소리에 집중하기 위해 자신만의 집을 지었는데

**어린 시절 자신만의 토템을 만들어
마음의 평화를 얻었듯**

이번에는 스케일을 키워 자신만의 집을 짓게 된 것

그렇게 여생을 맞춤형 집에서 보내며

자신을 알아가는 시간을 보낸 융.

그리고

그렇게 충실한 삶을 살았던 대가는...

명문대 그랜드 슬램을
달성하고

취리히 문학상을
받는가 하면

크! 내가 쓴 책 내가 보는 이 뿌듯함!

중·노년의 멋짐을 마구마구 뽐낸다.

느이 아부지 아프신 거 아니었니?

아니. 그냥 자기 전에 맨날 모아놓고 자랑하셔.

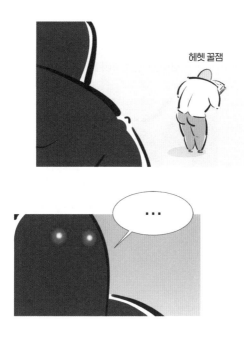

헤헷 꿀잼

...

그러던 융에게

찾아온 불청객이 있었으니…

아니마, 아니무스

융은 여성의 무의식 속에는 남성의 인격이, 남성의 무의식 속에는 여성의 인격이 존재한다고 말했다. 그리고 여성의 남성적 인격을 아니무스, 남성의 여성적 인격을 아니마라고 불렀다.

아니무스	아니마

이 인격들은 억압되면 그림자의 일부가 되어 다른 사람들에게 투사되는데, 예컨대 남성이 내면의 여성 인격을 억압하면 여성상이 부정적인 모습으로 다른 사람을 통해 나타나게 되는 것.

아니마는 라틴어로 '생명력' '영혼'을 뜻하고 아니무스는 '이성적 영혼' '욕망과 용기'를 뜻하며 각 인격을 대표하는 성질은 아래와 같다

① **아니마** 인내, 동정, 부드러움, 돌봄, 애정, 배려, 감정기복, 예민
② **아니무스** 적극적, 이성적, 용기, 객관적, 현명, 파괴, 잔혹, 냉정

각 사람마다 내재된 이성의 인격은 다양하다. 재미있는 것은 우리가 흔히 이상형이라고 부르는 사람들이 내 안의 이성 인격과 많이 닮아 있는데 예를 들어 내 안에 강인한 아니무스가 있다면 비슷한 남성에게 이성적 끌림을 느낀다는 것.

융의 시대에는 남성과 여성의 구분이 확실했지만 남녀차이라는 벽이 허물어지고 있는 현대사회에서는 낡은 이론이라는 평을 받기도 한다.

11화

독자적 이론 탄생 배경

프로이트와의 결별

심장 발작
배달 왔습니다!

두
푸컼!
근!

아이고, 아부지!

임무 완료했으니
이만 퇴갤.

호다닥

오…오오
심장이…

헉헉…
뭐지? 방금 느이
할아버지가 언뜻…

그게
무슨 말이에요!

너도 그만
이리로 오련…
오련… 오련…

그럼에도 씩씩하게 발작을 이겨낸 그는

1875~1961

다음 해에 죽는다.

칼 구스타프 융

멋진 중년의 산증인

과학적인 모습과는 다소 거리가 있고

토템 토템!

혼령 실존!

어려운 말을 너무나도 즐겨 하시어

그러므로 나는 무의식의 언어를 이해하기 위해 무의식의 표현 형식을 연구하는 것이 나의 주요 과제라고 생각한다. 무의식이 만들어내는 상징이 정신의 고태적인 기능 양식에서 생성되어 나오기 때문에… 선사시대로 소급하여 추적되는, 그렇기 때문에 원형이라고 명명될 수 있는 전형적인 형상들이 있는 것이다. 이것은 나에겐 인간 무의식의 구조적 자산에 속하는 것처럼 보인다. 왜냐하면 나는 그것들이 보편적으로 어디서나 같은 존재로 출현하는 것을 달리 설명할 수 없기 때문이다.

*칼 구스타프 융, 《정신 요법의 기본 문제》에서 발췌.

현대에서 각광받지 못하지만

사실 삶에 대한 통찰이 대단한 영감님이니

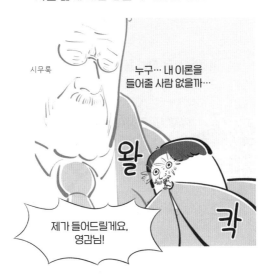

그의 이론을 핥아보자.

그의 이론을 이해하려면

이 장면으로 잠시 돌아가야 하는데

죽고 못 살던 그들이 결별한 이유가

융 이론의 핵심이기 때문.

**둘 모두 정신장애를 이해하려면
겉으로 드러나지 않는 무의식을
먼저 알아야 한다고 했는데**

문제는...

가까이하기에는 너무 강력한 프로이트의 이론.

프로이트도 당황하긴 마찬가지였다.

프로이트는 무의식을 온갖 나쁜 기억이(특히 성적인 거) 모인
쓰레기 저장고라 믿었고

융은 내 인생을 인도해주는
길라잡이라고 믿었기 때문에

갈등이 생길 수밖에 없었다.

얘! 너도 무의식이 정신장애 원인이라며. 그렇게 건전하신 무의식이 사람 힘들게 하니?

콕 콕 콕

아니 이 영감이!

그건 인생 제대로 안 사니까 똑바로 살라고 무의식이 메시지 보내는 거잖아!

그렇게 살면 안 돼!

움찔

흥! 아주 잘난 선생 납셨어.

여하튼 견해 차이가 커 결별하게 된 것인데...

네가 틀리네!

내가 맞네!

여기서 융이 말한 무의식이

까르르
까르르

바로 얘다.

내 인생 길라잡이.

마음

**조금 어려운 말로는
집단 무의식이라고 하는데**

**개인 경험치에 따라 쌓이는
개인 무의식과는 달리**

유순(아재)
☆☆☆

위험한 것들
Inventory

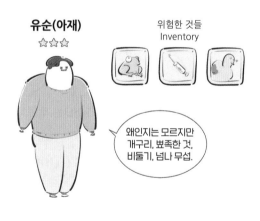

왜인지는 모르지만
개구리, 뾰족한 것,
비둘기, 넘나 무섭.

신님! 신님!

**집단 무의식은 전 인류가 장착하고 태어나는 무의식으로,
온갖 지혜가 담겨 있다.**

**'나'라는 존재(자아)가 '참 자기'(self)를
찾아가는 것이 인생이라 하지 않았는가?**

그런데 이 장면에서 보았듯

**진짜 '나'를 찾으러 가는 길에는
방해꾼들이 상당히 많은데**

**개중에는 내 워너비랑
똑같이 생긴 애도 있고**

싫어하는 애랑 똑같이 생긴 인격도 있으니

이 중에서 진짜 내 인격을 골라내야
'참 자기'를 만날 수 있게 된다.

여기서 도움을 주는 것이

바로 집단 무의식이다.

프로이트와의 갈등

프로이트가 자신의 황태자이자 최애 아들내미였던 융과 헤어진 데는 이론 차이 말고도 사적인 이유가 있었다.

유대인이었던 프로이트는 어릴 적부터 차별로 점철된 삶을 살았지만 융은 순수 아리아인(독일인)이라 차별받지 않았고

명품 시계 브랜드 IWC 회장 딸과 결혼해 평생을 돈 걱정 없이 살았던 융과 달리 프로이트는 엄청난 가난과 싸우며 살았다.

아빠와 아들뻘이었던 둘의 사회적 위치가 전혀 달랐으니 알 수 없는 기류가 흐른 것도 어찌 보면 당연한 일. 미국에 초청받은 프로이트와 융의 여행에서 둘의 차이를 확인할 수 있었는데, 프로이트는 좁은 일반석에 껑겨 탄 반면 융은 고급석에서 편히 비행했다고 한다.

12화

페르소나

그렇다면

시원하다리!

...

**내 안에 있는 다양한 인격이라는 것은
과연 무엇일까?**

아빠는 왜
꼬리가 있어?

다중이인가…
연애 때랑은 전혀
다른 놈인데…

금녀야, 이거 봐라.
아빠는 꼬리가 3개란다!

가장 유명한건 바로 이 두 인격.

익숙한 예시로
'지킬 박사와 하이드 씨'가 있는데

사회적으로 존경받고 명망 있는
지킬 박사가 페르소나

없애버리고 싶은 또 다른 모습인
하이드 씨가 그림자다.

페르소나는 사회생활을 할 때
꼭 필요한 가면으로

사회생활.JPG

정글과 같은 회사생활에서

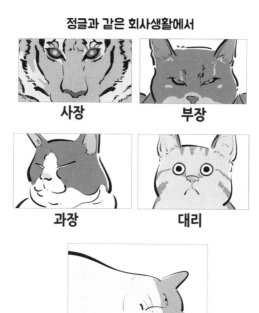

사장

부장

과장

대리

사원

그 역할이 도드라진다.

이번 달에만 벌써 7번째
금회식… 저놈은 친구도 없나
왜 맨날 우리 가지고 저래…

흑… 부장님!

할 수 없군.
내가 진두지휘할 테니
늬들은 그냥 따라와라!

크와앙!

옴마야! 부장님 멋져브러!

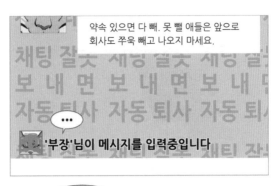

약속 있으면 다 빼. 못 뺄 애들은 앞으로 회사도 쭈욱 빼고 나오지 마세요.

•••

'부장'님이 메시지를 입력중입니다

이것들은 왜 이리 답이 늦어어~ 어우, 짜증 나 진짜.

다 잘라버릴까 보다.

사-아장

깨떡!

사-아장

**살아남기 위해서는 용솟음치는 자아를 가려줄
가면(페르소나)이 필수다.**

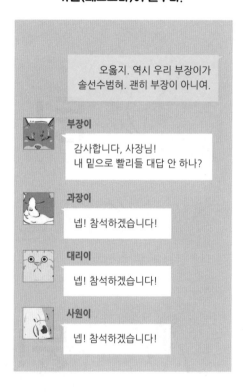

오옳지. 역시 우리 부장이가
솔선수범혀. 괜히 부장이 아니여.

부장이

감사합니다, 사장님!
내 밑으로 빨리들 대답 안 하나?

과장이

넵! 참석하겠습니다!

대리이

넵! 참석하겠습니다!

사원이

넵! 참석하겠습니다!

더 나아가

사회적으로 인정받는 모습도 페르소나인데

그것이 나의 사회적 위치를 나타내기 때문에
누구나 페르소나를 추구한다.

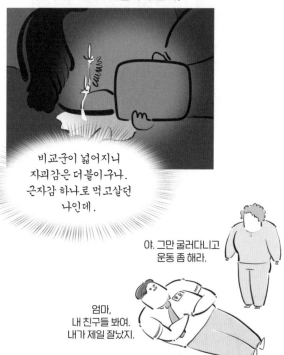

비교군이 넓어지니
자괴감은 더불어구나.
근자감 하나로 먹고살던
나인데.

야. 그만 굴러다니고
운동 좀 해라.

엄마,
내 친구들 봐.
내가 제일 잘났지.

그렇다면 페르소나만 추구해서
멋지게 살면 되지 않을까?

이제라도 깨달았으면
'되지 않겠는가',
엄친아?

그렇게 살면
행복할 것 같지만
꼭 그렇지도 않다.

일단 되고 말하자.

아, 엄마.

인생 니미

차라락!

끼익

끼익

자전거 타고 우는 것보단
고급차 타고 우는 것이 낫다는
말도 있지만

돈이 많다고
행복이 정비례로
늘어나는 것은
아니기 때문에

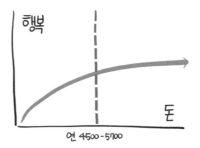

행복

돈

연 4500-5700

사회적 표상만 따라가다 보면

페르소나에 먹혀 진짜가 아닌
가면을 쓰고 살아가게 된다.

마치 공연이 끝났는데도 극중 인물을
연기하는 배우와 같은데...

쟤는 왜 저러고 있니?

저번 배역이 시체였거든요.

예를 들어

> 우리 친구. 밥 먹을 때는
> 꼭꼭 씹어 먹어야 하구요?
> 다녀오면 다녀왔습니다~
> 인사하고 손부터 씻는 거랍니다.

퇴근 후 집에서도 비슷하게 행동하는 유치원 선생님이나

> 여보… 밥 먹을 때는
> 일상 이야기 같은 거
> 하면 안 될까…

그리고
존댓말 무서워…

> 호호. 이게 일상이에요.
> 그리고 밥 먹을 때는
> 말하는 거 아니에요.

그러니 닥치고
그냥 들으면 된답니다.

휴가도 일의 연장인 양 전투적으로 가는 직장인이 그렇다.

그렇다면 그림자란 무엇인가?

페르소나와 반대 지점에 있는 인격으로

**전혀 내세우고 싶지 않은
온갖 속성을 갖고 있는데**

**깊이 뿌리내린
야생성이 본질이다.**

**이런 그림자를 자기 것이라 인정하는 용자가
과연 얼마나 있을까?**

그런고로

그림자는 자아에 의해 억압당해버린다.

그러나

짬밥 높은 그림자는

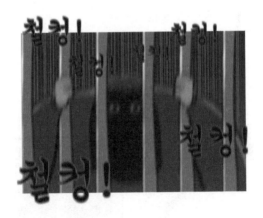

절대 호락호락하지 않으니...

페르소나를 찾아서

융은 중년기 이전까지는 페르소나를 발전시
키는 데 에너지를 써야 한다고 주장했다.

청년기에는 페르소나를 발전시키는 데 집중하다 중년기에 들어서는 진정
한 자기를 찾는 과정을 거쳐야 하는데 평생 A루트로 살다 급격하게 B루트
로 살기란 결코 쉽지 않은 일이기에 이 시기 많은 사람들이 장애물을 마주
하게 된다.

대표적인 예로 은퇴 후 가장과 자녀를 모두 출가시킨 부모의 빈둥지증후군
을 들 수 있는데

나의 진정한 모습을 알지 못한 채 직장에서의 직급, 아이들의 어머니 혹은 아버지 역할에만 충실하게 살면 그 타이틀을 잃는 순간 정체성을 잃게되는 것.

더 나아가서는 "내가 왕년에 말이야!" 하는 식으로 과거의 영광에만 집착하는 사람이 될 수도 있다.

'중년기에는 페르소나를 완전히 벗어던지고 true self를 찾으면 될까?'라고 묻는다면 답은 '아니요'다.

누구든 사회에서의 역할이 없다면 고통받을 수밖에 없기 때문에 자기 자신을 해치치 않는 선에서 사회와 융화될 수 있는 페르소나를 찾는 것이 무엇보다 중요하다고 융은 말했다.

13화

그림자

억압된 그림자는 어떤 일을 저지를까?

이 자식. 분명히

깨볶깨볶
깨볶깨볶 와그ㄹㄹㄹ
와그ㄹㄹㄹ

점녀 씨랑 헤어진 지
24시간도 안 됐는데…

저 여자는 대체 뭐지?

똥 언능 싸고 와!
오빠 상사병 걸려.

아잉, 어빠!
홍례 화장실 점!

…야

너… 혹시 환승한 거냐?
그렇게 살면 나중에
죄 받는다 너.

훗

이런 사람에게 분노를 느끼는 것은 당연하다.

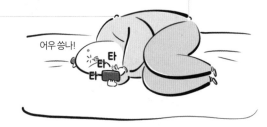

자유게시판〉

이런 친구는 손절각이지요?

 Googoo
2019.09.03. 18:18 조회 6

친구가 여친이랑 헤어진지 하루도 안돼서
새 여친 만들었음

어이가 없어서 뭐라고 하니까 잘못한 것도 모르고
파워 당당ㅋㅋ 다음 차 마냥 기다리는게 바보고
미리 만들어 놓는게 현명한 거라면서ㅋㅋ

정신차리게 하는건 불가능할 것 같고
시원하게 욕이나 때려주고 손절할까요?

어우 쓩나!

타
타
타

그러나 정도가 너무 심하다면

GooGoo
열심회원 . 방문25069

내가 작성한 글 목록

여친 있는데 환승녀 만든 친구
GooGoo 19.09.03

친구 완전 때려버리고 싶은데 정상인가요?
GooGoo 19.09.03

여기저기 흘리고 다니는 것들 진짜 짜증남
GooGoo 19.09.03

주변에 이성 많은 것들 다 뒈데야함
GooGoo 19.09.03

이사람 저사람 만나는 것들 진짜 싫음
GooGoo 19.09.03

아악! 너무 짜증나서 잠도 안옴!
GooGoo 19.09.03

평생 한사람만 만나다가 결혼하는게 정상 아님?
GooGoo 19.09.03

두 번이상 연애한 사람들 전부 바람둥이임
GooGoo 19.09.03

투다다다다다다다!!

**내게도 상대의 혐오스러운 모습이
그림자로 숨어 있을 수 있다.**

**언뜻 보면 자아가 잘
컨트롤하고 있는 것 같지만**

*bgm: 힙합 반야심경.

일명 '투사(projection)'!

혐오스러운 남의 모습

그것이 바로 내면에 깊숙이
숨겨져 있던 그림자였던 것!

인생에 1도 도움 안 되는 것 같은 그림자

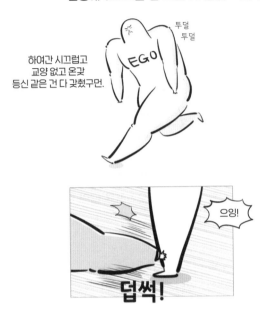

그러나 그림자는 결코 나를 떠나지 않기에

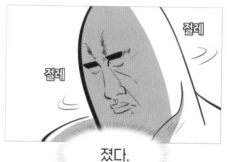

졌다.

**그림자를 나의 일부로
인정하는 과정이 필요한데**

위험해 보이는 이 과정이 잘만 진행되면

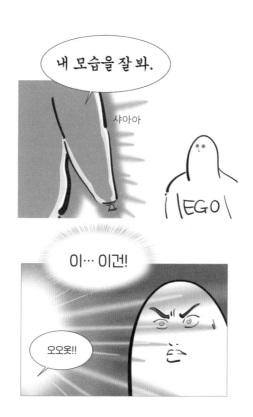

그림자의 새로운 모습을 만날 수 있게 된다.

**자고로 사람이 너무 절제하면
재미없어지기 마련.**

스님은 뭐가 제일
잼나우?

인생의 진리를 찾는 것이지요.
그보다 더한 재미가 이 세상
어디 있겠습니까?

그림자는 막 나가고 부끄러운 모습을 지녔지만,

이 세상 모든 드림
내 안에 있도다.

창조성

자
아

그만큼 무궁무진한 창조성도 가지고 있다.

싫다고 내 모습이 아닌 게 아니며

좋다고 내 모습인 게 아니다.

**마음의 소리를 잘 들어가며
다양한 인격들과 화해해**

나의 것과 내 것이 아닌 것을 잘 구분하면

완전한 나(self)로 살아갈 수 있다.

이토록 훌륭한 융의 이론이지만

그의 흔적은 서서히 지워지고 있는데

융은 그냥 스킵해.
시험에 안 나온다.

예에!

심리치료보다는 인생 통찰에 가깝고
이해하기도 너무나 어렵기 때문.

융이 이론이 사람한테
차암 좋은데…
이걸 설명할 방법이 읎네…

그러나 그의 영향력은 결코 작지 않은데

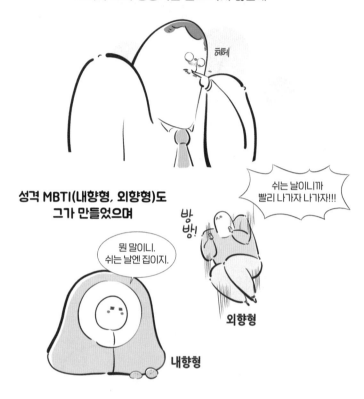

**성격 MBTI(내향형, 외향형)도
그가 만들었으며**

뭔 말이니.
쉬는 날엔 집이지.

쉬는 날이니까
빨리 나가자 나가자!!!

방
방!

외향형

내향형

종교에도 큰 영향을 주었다.

그리고 무엇보다

**광대한 인간 마음을 탐구할 수 있는
지도를 설계했고**

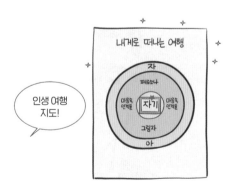

인생 여행
지도!

사람이 인생을 어떻게 살아야 하는지
천재적 통찰을 한 인물로서

이리로 오련… 오련… 오련…

위대한 사상가로 기억되어야 할 것이다.

헤 헤

MBTI

우리가 흔히 아는 성격유형 지표 MBTI는 'Myers-Briggs Type Indicator'의 약자로 마이어스와 브릭스가 융의 성격유형 이론을 바탕으로 만든 지표다. 융은 인간의 성격을 2가지 유형(내향성, 외향성)과 4가지 기능(사고, 감정, 감각, 직관)으로 구분했는데 정리하면 아래의 표와 같다.

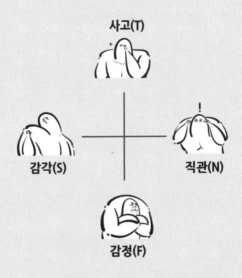

① **감각적 사고형**(ST)   갈등을 삶의 일부로 보고 현실적으로 문제를 처리하며 가능한 한 빨리 해결하려 하며 직설적이고 객관적인 타입

② **직관적 사고형**(NT)   미래 지향적인 타입으로 복잡한 문제를 해결하기 위해 분석적인 기술을 사용

③ **직관적 감정형**(NF)   미래 지향적인 타입. 주변을 이해할 때 주관적인 통찰력을 발휘

④ **감각적 감정형**(SF)   사건을 인식할 때 감각을 사용하며 우호적이며 조화로운 환경을 만들기 위해 노력함

4부

친ㅇ반
프로이트

14화

프로이트가
남긴 유산

현대 심리학의 탄생

지그문트 프로이트

그의 이론은

잔잔했던 학계를 쪼개버린다.

쪼개어진 학계는 크게 친프로이트파와

융　　　　아들러　　에릭슨 (그 외 대상관계 이론가 등)

반프로이트파로 나뉘는데

아론 벡　　로저스　　　스키너 (그 외 핵 다수)

**아들러와 융 모두
프로이트와 끝이 안 좋았지만**

그럼에도...

그렇다고 프로이트의 이론을 그대로 가져온 것은 아니고

프로이트의 이론 모두 보고 가세여!
유아성욕! 인간은 다 변태야!
무의식! 과거 경험! 인간은 파괴자! 등등
다양한 이론 준비되어 있어요!

뿌우 뿌우

있어서는 안 될 것들이
껴 있는데.

개중 쓸 만한 것을 발전시킨 학파로서

다른 거 말고
이거 두 개만 주소.

아니, 이 좋은
이론들을 왜 다
마다하고!

과거경험

무의식

310

그들의 이론은 각자 이렇게 발전한다.

아들러

과거 경험
중요한 것 인정.
그러나 성적(sexual)
경험이 아닌
열등감 경험이 중요.

에릭슨

과거 경험이 성격 형성에
중요한 것 나도 인정.
그런데 과거에
끝나는 것이 아니라
평생 지속된다.

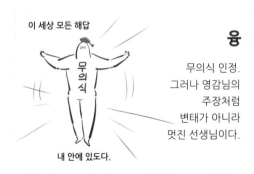

융

무의식 인정.
그러나 영감님의
주장처럼
변태가 아니라
멋진 선생님이다.

반대 진영의 틈

눈에 안 보이는 무의식…?
지나가버린 과거…? 그게 뭐야?
몰라, 무서워.

**그들은 무의식이나 과거 경험보다
의식과 현재 경험을 중요시했는데**

얘. 친프로이트파 아이들아.
내 의식은 아니지만 무의식은 널 사랑해.
그러면 좋니? 현재는 사랑하지 않지만
과거에는 널 사랑했어. 그러면 좋냐구!
이 과거쟁이 무의식쟁이들아.

음? 예시가 완전
틀려먹었는데.

그들의 핵심 이론을 간단히 살펴보자면

행동심리학파(스키너)

천 번은 흔들어야
떡고물이 떨어진댔어.

그는 환경이 만든
딸랑이 괴물!
저렇게 하면 뭔가 이득을 얻으니
체득한 행동일 뿐!

스키너는 인간이 환경과의
상호작용을 통해 만들어진다 보았고

인간 중심 치료 칼 로저스는

모든 답은 지금의 자신만이 알고 있고

상담가의 역할은 환자의 깨달음을
돕는 데 있다고 믿었다.

그대는 크고 튼실한 씨앗!
제가 당신의 비옥한 땅이 되어
싹을 틔울 환경이 되겠어요!

좋게 봐주셔서
감사하긴 한데… 제가 과연…

마지막으로 인지치료의 아론 벡은
무의식이 아닌 현재 내가 세상을
인지하는 방식이 중요하다고 했는데

세상이 딥다크합니까?

툭툭

그것은 당신이 이 세상을
딥다크하다고 생각하기 때문입니다.

그는 우울증 환자를 치료하다가 어떤 패턴을 발견한다.

의식의 흐름이 엄청나게 부정적이었던 것.

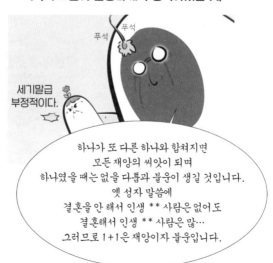

부정적 경험을 하면 자신도 모르게 부정적 공식이 생긴다고 판단...

옛날에도 누구 만나면 끝이 안 좋았어요··· 사람을 만나면 안 받아도 될 상처를 받게 되니 모두들 인간을 멀리하고···

찾았다! 못된 의식의 흐름!

경험
사람을 만난다 → 상처뿐인 끝

결론
인간관계는 인생에 매우 해롭다.

이 흐름을 찾아 긍정적인 인식으로 갈아 끼우면 치료가 된다는 것이 핵심이다.

아론이가 못된 인지를 찾았어요! 이제 깨부수어요!

콰

직

무의식이냐 의식이냐?
과거 경험이냐 현재 경험이냐?

무의식이 있네 없네.

와아

와아

장관이로세.

과거가 중요하네
현재가 중요하네!

사실 정답은 없다.

니 말도 옳고 쟤 말도 옳도다.
*feat: 황희 정승

싸우지 마랑,
얘들아.

프로이트는 대단히 극단적이고
신기한 영감임에 틀림없지만

친프로이트파

**한 줄기는 그의 이론을
다듬으며 발전했고**

쉬이익

펑!

다른 줄기는 그에 대적하는
심리치료 기법으로 발전했다.

두 진영 모두 영감님을 물고 뜯고 씹고 맛보고 즐기며
발전했다고 해도 과언이 아닌데...

인간은 단순한 존재가 아닌 만큼

다음 아기는 왜 우는 것일까요?

1. 배고파서
2. 졸려서
3. 똥 싸서
4. 그냥 세상이 싫어서
.
.
그 외 핵 다수

다양한 시선이 있다는 것은
바람직한 일이며

밥
기저귀
핫앀스
딸랑이
장난감
잠이-쏙 베개
애착인형

뭘 좋아할지 몰라서
모든 것을 준비해 보았어.

제법이야, 어른.
그러나 그 정도로
울음을 그칠
생각은 없다.

그런 점에서

이들 모두 심리학 발전에 큰 공헌을 했음은 분명한 사실이다.

의견통일.jpg

fin.

억울한 융과 아들러

친프로이트 학자들이 프로이트의 이론을 부분적으로 수용한 것은 맞지만 본문에서도 언급했다시피 프로이트의 제자로서 그의 이론을 배워 각자 발전시킨 것은 아니다. 프로이트, 아들러, 융은 모두 심층심리학의 선구자들이라 할 수 있으며 융과 아들러의 경우 이미 독자적 이론을 가지고 있었다.

어느 정도 공통점을 가졌다는 점에서 프로이트와 함께 작업을 한 것인데, 아직까지도 이들 두 학자가 프로이트의 제자라는 인식이 많다.

아들러는 이러한 오명을 너무나 싫어한 나머지 〈뉴욕 헤럴드〉 기자에게 프로이트로부터 온 편지 사본을 보여주었을 정도.

저는 어릴 때부터 병맛 개그와 그림 그리기를 좋아했습니다. 그러던 중 무럭무럭 자라 게임회사 콘셉트 아티스트로 일하게 됐지요. 하지만 이상과 현실의 괴리는 크다고 했던가요? 귀염뽀짝한 게임을 만드는 회사였으나 생활은 그렇지 못했으니….

'저 사람은 도대체 왜 저런 걸까' '이 상황에 저 사람은 왜 저렇게 반응하는 거지?' '이런 생각을 하는 내가 정상일까 비정상일까?' '옆에 있는 동료는 멀쩡히 회사 잘 다니는 것 같은데 내 마음의 문제인가? 아니면 동료가 보살일까?'

수많은 고찰 끝에 저는 결국 평생 업이라 생각했던 그림 일을 그만두고 심리 공부를 시작하게 되었습니다. 인간의 마음을 설명하는 책이 많이 나와 있었지만 저에게 꽂힌 건 다름 아닌 이론서…! 부드럽고 감성적인 심리학 서적보다는 딱딱하고 담담하게 인간의 내면을 설명하는 이론서에 매력을 느끼는 변태였지만 그것도 잠시, 진중함의 임계점을 넘어서며 멘탈이 붕괴되는 위험에 직면하고, 이토록 진지한 이론가들과 이론을 병맛으로 표현해 혼내주기로 결심했습니다. 학창 시절 영어 지문을 통해 처음 알게 된 프로이트 선생은 알면 알수록 《할짝 심리학》에 걸맞은 훌륭한 변태 이론가였고 그렇기에 가장 애착이

가는 캐릭터였습니다(마음껏 망가뜨려버렷!).

아무에게도 공개되지 않은 순백의 원고를 보고 기글링해준 나의 가족. 잘할 수 있다고 힘을 실어준 지인들과 2회 연재를 올리자마자 연락을 주신 한빛비즈 박종훈 차장님. 이 책이 나오기까지 끊임없는 응원과 격려를 보내주신 독자 여러분께 감사의 말씀을 전합니다.

덧붙여…

《할짝 심리학》의 훌륭한 재료가 되어주신 고 프로이트, 고 아들러, 고 융 선생님께도 심심한 감사의 말씀을 올립니다.

참고문헌

국내서

권석만, 《현대 심리치료와 상담 이론》, 학지사, 2012.
이부영, 《분석심리학 이야기》, 집문당, 2014.
이부영, 《분석심리학: C. G. 융의 인간심성론》, 일조각, 2011.
이부영, 《자기와 자기실현》, 한길사, 2002.
이창재, 《프로이트와의 대화》, 학지사, 2004.

번역서

로버트 존슨, 고혜경 옮김, 《당신의 그림자가 울고 있다》, 에코의서재, 2007.
루스 베리, 양혜경 옮김, 《30분에 읽는 융》, 랜덤하우스코리아, 2004.
제럴드 코리, 천성문 옮김, 《심리 상담과 치료의 이론과 실제》, Cengage Learning, 2017.
칼 구스타프 융, 한국융연구원 C.G. 융 저작 번역위원회 옮김, 《원형과 무의식》, 솔, 2002.
칼 구스타프 융, 한국융연구원 C.G. 융 저작 번역위원회 옮김, 《정신 요법의 기본 문제》,
　솔, 2001.

국외서

Alfred Adler, *Social Interest: A Challenge to Mankind*, Martino Fine Books, 2011.

C. G. Jung, *Archetypes and the Collective Unconscious*, Princeton University Press, 1969.

C. G. Jung, *Memories, Dreams, Reflections*, Pantheon, 1962.

Cathy Malchiodi, *Art Therapy Sourcebook*, McGraw-Hill, 2006.

Edward Hoffman, *The Drive For Self: Alfred Adler And The Founding Of Individual Psychology*, Da Capo Press, 1994.

Linda M. Beeler, Robyn S. Hess, Sandy Magnuson, *Counseling Children and Adolescents in Schools*, SAGE Publications, Inc, 2011.

Samuel Lowy, *Psychological & Biological Foundations Of Dream-Interpretation*, Routledge, 1999.

Sigmund Freud, C. G. Jung, William McGuire, R. F.C. Hull, Ralph Manheim, *The Freud/ Jung Letters*, Princeton University Press, 1994.

The Foundation of the Works of C.G. Jung, *The Art of C. G. Jung*, W. W. Norton & Company, 2018.